Stefan Bohnenberger und Walter Dahn
im Gespräch

Stefan Bohnenberger / Walter Dahn

PARADISE NOW

I

Galerie Six Friedrich
Galerie Mosel und Tschechow
München

VORWORT

Fast ein Jahr arbeiteten Stefan Bohnenberger und Walter Dahn im Atelier „Im Klapperhof 33“ zusammen. *„Du gehst Deinen Weg, ich gehe meinen Weg, da findet eine Begegnung statt, eine Berührung, ein Flügelschlag. Etwas Neues, etwas Drittes entsteht, das auch wieder etwas ganz Eigenes sein muß.“* Bohnenberger im Gespräch mit Dahn. Dieses „Dritte“ und die dahinterstehende Haltung wollen wir in einer gemeinsamen Ausstellung PARADISE NOW in unseren Räumen zeigen und unterstützen. Die Autoren Maribel Königer und Rainer Metzger haben sich ihrerseits auf ein Drittes, einen gemeinsamen Text, eingelassen.
Band I beinhaltet Stefan Bohnenberger und Walter Dahn im Gespräch. Ihre Gedanken, ihr Nachforschen über ihre gemeinsame Arbeit und ihr persönlicher Weg im erneuernden Ansatz einer zukünftigen Welt. Band II zeigt ihre Gemeinschaftsarbeiten und die Installierung in unseren Räumen, begleitet von Maribel Königer und Rainer Metzger.

München, 12. 12. 1990

Six Friedrich *Erik Mosel* *Andrea Tschechow*

Umhausen September 1990, Gasthof Andreas Hofer

STEFAN BOHNENBERGER UND WALTER DAHN IM GESPRÄCH

Köln, 29. 10. 1990,
Wohnung Stefan Bohnenberger,
abends

B: Beginnen wir mit den Worten...

D: Ja, ich kann den ersten Eindruck schildern aus Wangen, wobei die Umgebung ja das ganze Erleben stark mitbestimmt hat. Ich war einerseits sehr offen da, auf der anderen Seite aber auch sehr abgepanzert. Ich merkte nach zwei Tagen, schon nach einem Tag, daß mir das sehr an die Substanz gehen würde, unter die Haut und hab mich dann natürlich auch rausgezogen in gewisser Weise. Was wichtig war, war, daß da eben Leute herausstachen. Du warst sicher einer – oder wenn nicht überhaupt die Figur –, die am meisten rausgestochen ist, am ehesten aufgefallen ist. Vor allen Dingen durch, na ja, ich konnte zum Beispiel nicht einschätzen, wie weit Dein Interesse an den Fragen ging, die da besprochen und bearbeitet werden sollten, sprich „erweiterter Kunstbegriff" und wie damit weiter umgehen. Was mir viel Spaß gemacht hat war, daß bei Dir... ich hab das erlebt als ein Hin- und Herpendeln zwischen einer Ernsthaftigkeit und einem sich über die ganze Situation, bis in die Inhalte hinein, lustigmachen, also eine Distanz. Zuerst habe ich, wie damals bei Georg Dokoupil, gedacht: „Der ist wirklich verrückt..."

B: Ich hab ja nie viel gesagt. Ich war ganz still.

D: Ja, aber dann gabs ja nachmittags auch Aktionen.

B: Das war das Entscheidende. Den Zugang zu Deiner Welt habe ich über die Arbeit gefunden. Als wir in diesem großen Gerümpelwerk herumstöberten, verschiedene Teile herausnahmen und anfingen zu arbeiten, zusammen. Also nicht unbedingt durch diesen beengten Rahmen in dem Seminar... sondern eigentlich über die Arbeit, die Tat.

D: Ja, *entschieden*, das finde ich sehr wichtig. Da zeigen sich ja die Fähigkeiten, weil sie sich materialisieren. In einem Gespräch kannst Du sagen: Ja, ja, das war ganz schön oder es war relativ langweilig, es war halt so oder so, und alle möglichen Gründe finden, aber sobald sich die Dinge materialisieren, kannst Du nicht mehr drumrumreden, dann hast Du ein Zeichen, dann hast Du eben eine Skulptur, ein Bild, eine Plastik ein Aktion, einen Film, der das zeigt: die Zusammenarbeit. Und ob das fluppt, ob es funktioniert oder nicht.
Das war ja alles sehr spielerisch zu Anfang und intuitiv, ich hatte aber das Gefühl, daß es so richtig war, ich war ja auch in gewisser Weise vorprogrammiert auf diese Art von Kunst. Weil sich meine Arbeit ja auch verändert hatte in dem Jahr vorher, speziell den Sommer vorher. Ich war interessiert, dort zu arbeiten, um wieder neu anzusetzen an Punkten, die ich eigentlich gegen Ende meines Studiums verlassen hatte. Also zeichenhafter zu arbeiten, Fundstücke einzubeziehen, Dinge zu verarbeiten, zu bezeichnen, in neue Zusammenhänge zu stellen usw. Da war ja für

mich ein neuer Knick, ein neuer Abschnitt in der Arbeit.

B: Ich finde es auch ganz wichtig, daß die Erkenntnisse, die man aus einem Gespräch gewinnt, umgesetzt werden in Grobstoffliches, also in die Tat. Daß sich da was manifestiert. Es reicht eben nicht aus, daß man sich unterhält und somit alles im ideellen Bereich läßt...

D: ...Wie ich ja gesagt habe. Dann hat man ein schönes Gespräch gehabt und es bleibt alles im Ungefähren. Ein angenehmes Gefühl bleibt übrig vielleicht oder ein unangenehmes, je nachdem...

B: Und da würde ich sagen, daß in den Taten, die wir da vollbracht hatten...

D: Klingt gut!

B: ...auf eine sehr intuitive Art und Weise ein Einverständnis entstanden ist.

D: Ja.

B: Rein intuitiv, unbewußt eigentlich, wobei man sagen muß, daß wir uns beide mit gewissen Strömungen und gewissen Ansätzen in der Kunst unabhängig voneinander bereits beschäftigt haben. Ich nehme an, diese Auseinandersetzung hat da mit hineingewirkt.

D: Das haben ja auch andere getan und tun auch immer mehr. Darüber hinaus glaube ich heute, Ende 1990, daß das auch *eines* der Wesensmerkmale innerhalb der Kunst der nächsten Zeit sein wird.

B: Was genau?

D: Sagen wir, nach all den Aufblähungen von Oberflächen und Materialfetischismus eine neue Bescheidenheit! Ich habe es immer eine neue *arte povera* genannt, obwohl das immer in eine falsche

> *B: Die höchste soziale Komponente, der sich keiner mehr entziehen kann, ist der ökologische Zusammenbruch des Planeten Erde.*
> *D: Und wir werden dafür sorgen, daß er nicht stattfindet!*

Richtung geht, wenn man es *zu* wörtlich nimmt. Daß es natürlich keine Neo-arte-povera ist, was wir tun oder was wir wollen. Aber „povera" im Sinne dieser Armut und Bescheidenheit hat mir immer sehr gut gefallen.

B: Aber im Hinblick auf die Inhaltlichkeit, auf eine *starke* Inhaltlichkeit.

D: Ein wesentlicher Punkt, glaube ich, der uns in den Gesprächen damals schon, und dann in allen weiteren Gesprächen, in allem weiteren Tun verbunden hat, war die Erkenntnis oder, mal vorsichtig, *der Versuch*, zu erkennen, daß es heute nicht darum geht, sozusagen sich nur zu öffnen für Inspiration, Imagination und Intuition von oben und diese wie Künstler der Vergangenheit umzusetzen, sondern, daß eher den umgekehrten

Weg zu gehen eine eminent-bedeutende Möglichkeit sein wird. Wir hatten doch sofort den Begriff: Vergeistigung der Materie!

B: Wir nehmen nicht nur, wir empfangen nicht nur die Dinge, sondern wir beschicken die Materie geistig.

D: Wir sehen ein, daß wir *auch* in der Kunstgeschichte auf Jahrtausende sozusagen – wie Beuys es genannt hat – „auf Kredit“ gelebt haben, und arbeiten nun mit der Erkenntnis, daß unser Kredit eben aufgebraucht ist und daß wir jetzt etwas zurückzuzahlen haben!

B: Jetzt sind wir bei Beuys, der sehr wichtig ist, auch für unsere Arbeit.
Ich sehe, daß der Beuys sterben muß in einem. Beuys muß sterben und wir müssen die Idee gebären und wir müssen die Form gebären, und die Form wird eine andere sein, und die Idee wird dieselbe sein wahrscheinlich. Die Idee zieht sich seit Jahrtausenden, seit dem Menschheitsbeginn, bis jetzt durch die Zeit. Die große zeitlose Idee.

D: Ja, absolut!

B: Aber es nützt uns nichts, zu sagen, die Idee sei zeitlos, wir können jetzt darauf aufbauen, sondern wir müssen die Idee auch wieder gebären. Auch, wenn dieselbe Idee dabei entlassen wird in die Welt.

D: ...auf jeden Fall...
Und vor allen Dingen in Formalisierungen, die eine innere Notwendigkeit haben, die unver-

wechselbar werden. Wir sind ja nicht Menschen, die hingehen und Fettecken und Filzanzüge machen, sondern jeder versucht – so gut er kann – eine Form zu finden, die vielleicht sogar verweist auf die großen Lehrer dieses Jahrhunderts in der Kunst: für mich wären das Leute wie Malewitsch, Duchamp, Warhol und vor allem Beuys; ab und zu einen Querverweis bringen ist doch erlaubt. Man kann uns ja nicht einfach hinstellen als irgendwelche Kopisten!

B: Das wirklich ganz Eigene aus sich selbst herauszulassen bedarf einer großen Anstrengung. Du gehst Deinen Weg, ich gehe meinen Weg, da findet eine Begegnung statt, eine Berührung, ein Flügelschlag. Etwas Neues, etwas Drittes entsteht, das auch wieder etwas ganz Eigenes sein muß.

D: Das ist für mich ganz wichtig, wenn man zusammen arbeitet, daß Dinge entstehen, die keiner von den beiden – es sei denn, man arbeitet wie jemand wie Gilbert & George oder solche Leute – *für sich* so machen würde, d. h. es entsteht im Grunde eine dritte Person, es entsteht ein Drittes, es muß entstehen! Keine Addition von Erkenntnis, von Qualität, von Talent oder Nicht-Talent, wie auch immer Du das nennen willst, sondern es muß eigentlich eine Multiplikation sein. Da muß so ein Faktor drin enthalten sein. …Es muß sich multiplizieren nach vorne…

B: Ich weiß nicht, ob das das richtige Wort ist. Multiplikation.

D: Ich denke schon…

B: …Es muß eine andere Reihe entstehen…

D: Also, wenn ich mir vorstelle, daß es nur eine Addition ist, der eine tut eben diesen Teil dazu, der andere den, das kann dann ja jeder, der ein gewisses Interesse für die Arbeit der beiden hat, wunderbar auseinanderdividieren! Ich glaube nicht, daß es darum geht. Ich glaube, es geht darum, ein Drittes, Neues zu schaffen, was keiner der beiden einzeln so für sich realisieren würde!

B: Aber das Wort Multiplikation, das trifft es nicht exakt genug. Es müßte etwas ganz Neues, was ganz Eigenes ausdrücken. Ich glaube, es ist ähnlich wie in einer Beziehung: sobald zwei selbstbewußte Ichs eine symbiotische Bindung eingehen würden, würde das schiefgehen, weil der Entwicklungsstand eines reifen Ichs nicht ein symbiotischer sein kann, sondern nur ein freiheitlicher. Die Ichs müssen sehr stark sein, und es muß etwas Neues entstehen, ein neues Ich, ein neues Wesen. Man müßte das eigentlich beschreiben, man müßte die Kunst als Wesen beschreiben, Deine Kunst als ein Wesen, meine Kunst als ein Wesen, und die Gemeinschaftsarbeiten als ein anderes, selbstständiges Wesen.

> *B: Ich benutze das Außen, um es zu einem Inneren zu führen.*
> *D: Ohne eine starke Innerlichkeit geht gar nichts.*

D: Ja gut. Kann ich mich mit einverstanden erklären. Wobei der Anfang immer ein rein intuitiver, fast spielerischer war. Dessen muß man sich ganz, ganz klar sein!

B: Ich setze eigentlich sehr viele unserer Arbeiten auf die intuitive Ebene, zunächst.

D: Ja. Aber ich denke, daß *nur* mit diesem rein Intuitiven oder Spielerischen kein Weiterkommen ist. Dann hat man vielleicht eine Ansammlung von netten Dingen, ich glaube, das reicht nicht aus. Das Wichtige ist ja, daß wir konsequent weitergemacht haben, nicht dabei stehengeblieben sind, ab und zu mal „was-zusammen-zu-machen".

B: Wir haben ja wirklich jeden Tag uns gesehen im Atelier und viel Zeit zusammen verbracht.

D: Mehr als ein dreiviertel Jahr...

B: ...haben viele Reisen unternommen, während derer wir Gespräche geführt hatten. Das würde ich als dieses denkerische Moment bezeichnen, daß da wirklich erkenntnismäßig gearbeitet wurde...

D: Auch das Sprechen über das, was man so schön „das Eingemachte" nennt. Es gibt ja auch immer wieder sehr intensive, sehr nahe Momente, wo man auch über intime Dinge spricht. Sagen wir: Beziehungen, Freundschaften, Liebe, verlorene Lieben, Kindheitserinnerungen usw. Ohne diesen Austausch ist so eine Art Arbeit gar nicht möglich! Sie ist nicht möglich sozusagen als Reißbrettentwurf. Das geht nur über eine Öffnung, die auch eine seelische ist. Wir hätten diese

Bilder nicht malen können, wenn wir nicht auch über unsere Kindheit gesprochen hätten, über unsere Jugend, die Träume unserer Jugend!

B: Es ist diese emotionale Verbindung, dieses Emotionale, das sich dann auch niederschlägt im Bild. Und auch diese Vertrautheit natürlich, daß man viel weiß über das Schicksal des anderen. Über seine Gefühle, über seine Gedanken, über seine Sehnsüchte, über seinen Schmerz. Es ist einfach eine Vertrautheit, die sich dann auch in der Arbeit manifestiert.

D: Ich glaube, was einige Leute überrascht und letzten Endes auch überzeugt hat, sowohl in der

> *B: In der heutigen Zeit soll das Tiefe zerstört werden, denn es darf nicht vom Menschsein erzählen in einer Zeit der Mittelmäßigkeit.*
> *D: Das Tiefste und das Höchste sind doch eigentlich das gleiche.*

Einzelarbeit in diesem sehr intensiven Jahr als auch in den Gemeinschaftsarbeiten, war diese Intensität, in der das alles passiert ist. Die Komprimiertheit, in einer Zeit, in der äußerlich, was meine Ateliersituation anging, alles zusammenbrach. Wo man auf gar nichts mehr Rücksicht nahm. Wirklich arbeitete, arbeitete, arbeitete, bis die Räume aus allen Nähten platzten. Das hat einige Leute beeindruckt, auch das Musizieren zusammen.

B: Ja, das wollte ich gerade sagen. Das ist ganz wichtig, dieser Klang. Also in das Bild zu gehen, in das Gespräch, wo – sagen wir mal – was Abstraktes gedacht wird, und in den Klang, was die Musik ausdrückt.

D: Ja, aber nichts abstraktes Kaltes, das würde ich verneinen bei den Gesprächen. Ich hab sie immer als herzlich und tiefgründelnd/-schürfend erlebt.

B: Ich wollte das mal ein bißchen differenzieren, um auf den *Klang* zu kommen.

D: Also ganz wichtig war, daß da eine Gitarre und ein Schlagzeug waren!

B: Da war ein Strom, da war ein Fluß. Nicht immer, aber häufig.

D: Es gab auch Momente des sich völligen Verlierens in diesem Musizieren. Momente von absoluter Trance.

B: Einmal kamen doch Gerd und Paul und noch zwei Sammler ins Atelier, da haben wir mindestens noch eine dreiviertel Stunde weitergespielt.

D: Wir haben weitergespielt. Wir haben die gar nicht bemerkt. Oder wenn wir sie bemerkten, haben wir uns eigentlich einen Spaß daraus gemacht, weiterzuspielen und die mit diesem Klang, der Stimmung, dieser Intensität zu konfrontieren!

B: Es ist so, als wäre was zusammengekommen, was einfach eine irrsinnige Kraft hat, was in sich stimmt und dadurch sehr intensiv auf die Außenwelt wirkt. Das hat die fasziniert.

D: Wir haben ja oft über Kunst gesprochen zu der Zeit, und wenn wir Kriterien gesucht haben, kam immer: „Am richtigen Ort, zur richtigen Zeit das Richtige tun.“ Danach sollte man Kunstwerke mal untersuchen! Ich glaube, daß diese drei Elemente da präsent waren. Das war der richtige Impuls, das war der richtige Ort, das war die richtige Zeit.

B: Aber ich möchte es nicht nur auf das Kunstwerk beziehen. Sondern einfach auch auf uns, als Menschen. Daß man sagt, da ist wirklich etwas zusammengekommen, was am richtigen Ort, zur richtigen Zeit das Richtige war. Und das hat dann eine Form bekommen im Kunstwerk. Oder in der Sprache, in der Musik.

D: Notwendigerweise. Es war ja nicht etwas, was wir uns nur ausgedacht hatten bei dem Aufenthalt im Allgäu. Ich meine, ich war so überrascht, als Du mit dem Bus vor der Tür standst. Du wirst Dich erinnern...

B: Das war ja Schicksal, daß der Bus...

D: ... ist gerade mal ein Jahr her...

B: ...dann stehengeblieben ist im Klapperhof. Da war der Motor kaputt.

D: Ja, ja. Danach konntest Du ihn wegwerfen.

B: Natürlich hast Du auch einen wesentlichen Impuls gegeben, als Du gesagt hast: komm doch nach Köln, Du kannst hier arbeiten im Atelier und wir schauen mal. Ich wollte sowieso nach

den drei Jahren Landleben in der Toskana, nach dieser Zurückgezogenheit in den Hügeln, mich konfrontieren mit der Stadt, mit Kultur, mit Menschen. Das war eine Notwendigkeit in mir. Und wenn da so eine Notwendigkeit ist, dann eröffnen sich plötzlich Wege. Dann passiert es auch.
Interessant wäre jetzt vielleicht, das Ende zu sehen mit dem Klapperhof.

D: Natürlich ist das Ende in dem Atelier damit verbunden, aber ich glaube, die Hauptgründe sind im Äußerlichen zu sehen. Weil das da nicht aufrechterhalten werden konnte. Es war einfach

B: Ich werde zurechtgelitten für eine Aufgabe.
D: Ich habe mich zurechtgestutzt für eine Aufgabe.

gekündigt und man mußte raus! Ansonsten hätte ich… jetzt sind wir bei „hätte", „würde", „wenn", das ist immer ein schwieriges Thema. Aber um das mal ganz kurz zu sagen: ich hätte wahrscheinlich das getan, was ich jedes Frühjahr gemacht hab, nämlich Großreinemachen, Aufräumen, Ordnen und dann weiterarbeiten. Wie es sich gehört!

B: Aber ich denke, daß nach einer intensiven Zeit einfach auch eine Distanz entstehen muß, wo jeder seinen Weg geht und man ist Freund, eine Freundschaft hat sich entwickelt in dieser Zeit, die man auch in sich tragen wird, aber die Wege müssen sich trennen. Und die können sich auch wieder begegnen. Aber diese Distanz finde ich sehr, sehr, wichtig. Man darf da nicht dran hängenbleiben, man darf da nicht dran klebenbleiben, sondern man muß es sich wandeln lassen, man muß die Dinge geschehen lassen...

D: Auf jeden Fall. Nein, das zu erzwingen wäre furchtbar. *Hier*, in Deiner Situation oder in meiner momentan sehr reduzierten, zu versuchen, das zwanghaft weiterzumachen, wäre albern! Aber für die Zeit, für das Umfeld usw. war das genau das Richtige. Jeder tat seine Arbeit und etwas darüber hinaus! Und all das Andere noch, sei es, in Konzerte zu gehen, sei es, zusammen nach Schottland zu fahren, nach New York zu gehen, sei es das dauernde Sprechen über den erweiterten Kunstbegriff und die Konsequenzen, die sich für jeden einzelnen daraus ergeben. Das Arbeiten habe ich als sehr intensiv erlebt, manchmal wirklich kaum auszuhalten!

B: Vielleicht auch das Lernen.

D: Bei mir gab es oft so ein Gefühl von: „Nach mir die Sintflut!" Ich hatte gar keine Ambitionen mehr, irgendetwas aufzuräumen, zu ordnen, so wie ein „normaler Künstler", der ein ordentliches Atelier hat, das tut, oder wie Ad Reinhard sagte: „Wenn du mit deiner Frau geschlafen hast, dein Atelier aufgeräumt, deine Farben sauber sortiert und gemischt, dann kannst du anfangen zu malen." Eher das genaue Gegenteil von alldem. Was einen dann wundert, ist diese Klarheit und Reduktion der einzelnen Stücke. Reduziertheit, nicht Reduktion der einzelnen Stücke in diesem Chaos! Aber vielleicht war es gerade deshalb möglich. Und weil man sich in der gemeinsamen Arbeit – auch der einzelnen – gesehnt hat nach einer Klarheit… und versucht hat, durch die Arbeit in dieses Chaos…

B: Du meinst den Gegenpol quasi?

D: Ja, eine Art Klarheit hineinzubringen…

B: …einen Ausgleich zu schaffen gegen dieses Chaos. Eine Klarheit in das Chaos hineinzutragen, um eine Balance zu kreieren.

D: Was man ja auch von Leuten kennt, von Künstlern, die in reduziert-abstrakte Formen gehen, und im Alltag unglaublich chaotisch auftreten. Einige wenige vielleicht ausgenommen…

B: Manchmal denke ich, daß Kunst immer diesen Ausgleich sucht. Also, daß Kunst immer versucht, einen mittleren Weg zu finden, so eine Balance zu halten von z. B. Klarheit und Chaos, von Gesellschaft/Individuum, Masse/Antimasse, Schmerz/Antischmerz, Sehnsucht/Antisehnsucht, Außenwelt/Innenwelt, also diese ganze Polarität in eine Harmonie zu bringen. Interessant war auch der Lernaspekt. Ich habe das Gefühl, viel gelernt zu haben. Deinen unheimlich leichten Umgang mit den Mitteln, mit dem Medium. Das hat mich fasziniert.

D: Was meinst Du, das verstehe ich nicht.

B: Dinge einfach verwandeln zu können auf eine ganz… phantastisch ist vielleicht das schlechte Wort… selbstverständliche Art und Weise.

D: Also, sagen wir, Sachen auch sein zu lassen.

B: Ja, auch alles benutzen zu können, um eine Idee hineinzubringen. Hineinzutragen. Daß man sich da keine Grenze setzen darf, sondern man muß sagen: du kannst alles eigentlich verwenden, wenn du es offenläßt, wenn du es freiläßt.

D: Das ist eine Sache, die ich mit den Mülheimern sehr früh gelernt hab, die wir mit Georg und anderen Leuten sehr stark verinnerlicht hatten! Wir haben von Anfang an gesagt: es gibt keine thematische/inhaltliche Begrenzung! Zu uns kamen Künstler, die sagten, man darf nur das

> *B: Geben, nicht erwarten, daß gegeben wird.*
> *D: „Do moß och jünne künne!"**
> ** Kölsch für: „Du mußt auch gönnen können!"*

und das tun und malen! Das kam uns dann immer absolut lächerlich vor. Das Allerwichtigste überhaupt ist doch das Freiheitspotential, daß du wirklich *alles* tun kannst, alles benutzen kannst. Was hinterher dabei rauskommt, das muß sehr streng geprüft werden, da muß lange geschaut werden und da versucht man auch, selbstkritisch zu sein. Da macht man vielleicht dreihundert Bilder und läßt dann fünfundzwanzig davon gelten...

B: Aber die Kontrollinstanz, die habe ich auch gesehen, also die ist einfach da gewesen in der Arbeit.

D: Eine gewisse Erfahrung!

B: Das Werk wird exakt betrachtet, genau beobachtet, kontrolliert. Und dann: kann man es jetzt hinauslassen, entlassen, kann man es der Welt übergeben.

D: Oder wie Johannes so schön gesagt hat: „Wird es Gnade finden?" Ist gar nicht so verkehrt!

B: Ist das Werk nicht auch ein Gnadenakt des Transzendenten? Manchmal weiß man es natürlich nicht, ob es Gnade finden wir, das kommt erst nach Monaten…

D: Das kann man nie *genau* wissen! Aber man muß versuchen, den höchsten Maßstab anzulegen, also den, den man auch an andere Dinge anlegt, und nicht darunter zu liegen. Wobei der höchste Maßstab sicher auch wandelbar ist, nach den Erfahrungen, den privaten, den intimen, den formal-künstlerischen oder was auch immer… Die Kriterien ändern sich, die man selber anlegt, ich glaube, daß die Kriterien, die ich vor zehn Jahren hatte, sicher andere Kriterien waren als die, die ich heute hab'. Da bin ich ziemlich sicher, Bilder *muß* ich einfach machen… wie man Erfahrungen macht, wie man gemachte Erfahrungen auch wieder zerstört oder kritisiert. Das Langweiligste für mich wär doch, wenn am Anfang eine Idee stünde, ein Konzept, und das dann dreißig Jahre lang durchgezogen wird! Ich glaube, so eine Haltung entspricht weder unserer Generation noch der mitteleuropäischen Tradition der letzten sechzig Jahre. Die wichtigsten Einflüsse sind für mich innerhalb der bildenden Kunst Menschen und Arbeiten gewesen, die von Anfang an sehr experimentell gearbeitet haben!

Experimentelle Kunst, ich wüßte gar nicht, wie ich das rational…

B: Also ich finde, daß die Idee, wenn ich jetzt sage: Konzept ist die Idee, daß die sich daraus lange Zeit tragen kann, sie muß nur wirklich immer neue Formen finden. Also das würde ich dann als das Experiment bezeichnen. Wenn sich eine Idee nur in einer Form manifestiert und das über Jahre hindurch, dann entspricht das nicht dem Zeitmoment, der Raum-Zeit-Achse, dem Pulsschlag des Lebens, der Wandelbarkeit der Formen durch die Zeit. Es muß sich immer wieder wandeln, die Form, die Materie. Sonst ist es unsinnig. Aber wenn das Konzept stimmt, wenn die Idee wichtig ist…

D: Wie Beuys so wunderschön gesagt hat: „Was mich von anderen Künstlern unterscheidet, ist, daß ich nicht unter dem Druck der Zeit leide, sondern mich mit dem Druck der Zeit bewege." Ich glaube, besser kannst du es kaum sagen. Was ja nicht heißt, daß da etwas Anpässlerisches ist, ich würde es eher sehen wie eine physikalisch-chemische Formel. Mit dem Druck der Zeit sich bewegen, wie ein Blatt auf dem Wasser, das sich gar nicht dagegenstemmen kann…

B: Das heißt, ich verwende die Energie der Masse. Oder die Energie der Zeit, ich transformiere sie in das Werk, in verschiedene Formen, anstatt mich gegen den Strom zu stellen.

D: Wobei – um in dem Bild zu bleiben – das Blatt ja ein Blatt bleibt, es wird ja nicht zu Wasser, d. h. man gibt ja nicht seine Individualität auf, ist anpässlerisch an den Kunstmarkt orientiert und beliefert da eine bestimmte Schublade. Das wichtige ist doch, daß wir die sogenannte große oder Realpolitik, mit ihren sich fast täglich wandelnden Kräfteverhältnissen, wahrnehmen, kritisch bleiben, versuchen, sie zu verstehen und unseren eigenen Standpunkt daneben, dagegen, darüber, darunter stellen! Nicht als „kritischer Künstler", der mit allem, was er tut, *sowieso* subsumiert wird in der großen Suppe, sondern vielleicht gerade dadurch, daß wir auf die Zeit *eben so* reagieren und aus der Zeit heraus Modelle für eine konkrete Utopie entwickeln, in den Bildern, in den Begriffen!

B: Ich frag mich, ob das jemals so konkret werden kann in den Bildern. Wird es nicht eher... (unverständlich)

D: Ja, das ist, was ich meinte, das muß es vielleicht gar nicht. Für mich ist ein Maler wie Palermo auch ein „politischer Maler", zum Beispiel. Wenn man bestimmte Äußerungen hört (und ich kannte ihn ja auch ein bißchen...)

B: Aber ist es nicht so, zum Beispiel bei Palermo, daß er Jahre voraus war?

D: Das macht ja sein Genie aus oder ist ein Wesenszug seines Genies!

B: Ich habe von Franz Dahlem gelesen, er schreibt über Palermo, da ist überhaupt niemand in die Ausstellung am Anfang gekommen. Da war ja keine Resonanz. Es war nur ein Fragezeichen. Palermo hat etwas sehr Zukünftiges ins

Jetzt gebracht. Die Zeit hat das noch nicht in seiner Feinstofflichkeit erfassen können. Jetzt wird das langsam begriffen. Nach fast zwanzig Jahren.

D: Das ist ein Wesensmerkmal guter Kunst. Daß man sie nur aus der Zukunft heraus „verstehen" kann! Das ist das, was ich meine, mit konkreter Utopie! Modelle für diese uralten Menschheitsideale, Formen für sie zu finden, die nicht ideologisch und nicht dogmatisch besetzt sind, ist ja,

> *B: Es zieht sich zusammen in mir der Strom der Zeit.*
> *D: Manchmal habe ich das Gefühl, daß ich mich mit meiner ganzen Existenz und meiner ganzen Körperlichkeit auf die ganze Umgebung und Welt erweitere und völlig formlos werde. Das ist nur sehr schwer zu ertragen.*

was wir wollen! Wir haben ja die Entwicklungen der letzten Jahre gesehen und wie jämmerlich alles zugrunde gegangen ist, alle Ideologien und Dogmen, da kann man gerade noch ein bißchen drüber lachen, sich darüber lustig machen, was das für merkwürdige Blüten getrieben hat! Was für krumme Formen das erzeugt hat! Ja, und feststellen, was für unmenschliche Umgangsweisen der Menschen untereinander es erzeugt hat. In der DDR hat ja bis vor einem Jahr kaum ein Mensch mit dem anderen gesprochen, aus Angst, irgendein falsches Wort zu verlieren und dann angezeigt zu werden. In den Knast zu kommen, in den kleinen Knast innerhalb des großes Knastes! Als solchen haben ihn die Menschen dort wirklich empfunden, das ist jetzt ja nicht ideologisch, sondern das wird mir ja bei jeder Reise, und ich war jetzt fünf, sechs, siebenmal da, bestätigt. Auch von Leuten, die beseelt waren von den Ideen des *freien, demokratischen Sozialismus'!*

B: Kunst ist dann politisch, wenn das Freiheitsmoment verwirklicht ist.

D: Ja, ohne das gehts gar nicht. Du kannst ja nicht Kunst und Freiheit... Das ist dann natürlich schlechte Kunst oder Propaganda.

B: Ja, die ist dann aber auch nicht politisch.

D: Die kann durchaus politisch sein, denk an die ganzen Nazi-Künstler, denk an die ganzen stalinistischen Realisten usw. Das liegt irgendwo zwischen Kitsch und Propaganda. Man kann aus einem bestimmten Blickwinkel dem vielleicht noch was abgewinnen, aber das hat ja nichts mit Freiheit oder dem Entwurf einer konkreten Utopie zu tun...

B: Ja, wenn ich Politik als etwas ganz Starres betrachte, also was heutzutage Dekadentes im Grunde, was wirklich zum Scheitern verurteilt ist, tot ist. Im Grunde hat Politik mit Leben nichts mehr zu tun.

D: Ja, hat sich völlig abgesondert.

B: Sagen wir mal, der Bewußtseinsstand ist schon ganz woanders. Nur ist es so ein Moment, das einfach noch wirkt in der Politik, ein Trägheitsmoment. Aber man sieht diese ganzen verkrusteten, erstarrten Formen, die einfach nicht mehr stimmen.

D: Deshalb können *wir* die auch nicht mehr wählen!

B: Das ist vielleicht auch eine Frage der Zeit, bis das zusammenbricht. Das geht vielleicht noch dreißig, vierzig Jahre.

D: Ich will da nicht über Zahlen spekulieren, aber die sogenannte Realpolitik, dieses permanente Krisenmanagement, hat völlig ausgespielt. Das ist wie so ein angeschlagener Kadaver, der sich über den Acker schleppt. Das ist doch kein überzeugendes Bild. Es gibt doch keinen einzigen überzeugenden Parteipolitiker!

B: Man müßte so sagen, wenn der Planet überleben soll, muß die…

D: Politik, wie sie heute gemacht wird…

B: …völlig abgeschafft werden. Oder dann ist der Politikbegriff von heute völlig veraltet. Dieser Politikbegriff führt in die totale Zerstörung der Erde. Der muß verschwinden!

D: Ja, sicher! Weil er eben die Kunst nicht einbezieht. Die auf dem Freiheitspotential fußt. Ohne die Freiheit geht gar nichts!

B: Und der gemeinsame Nenner für die gesamte Menschheit ist im Grunde die ökologische Katastrophe. Das ist auch ein unheimlich soziales Moment, weil jeder Mensch davon betroffen ist.

Unabhängig von reich oder arm, unabhängig von...

D: ...dick oder dünn, groß oder klein...

B: Das ist der gemeinsame Nenner. Und dieser gemeinsame Nenner muß natürlich inhaltlich gefüllt werden, wo man sagt, da muß jetzt Kreativität entstehen oder da muß Freiheit entstehen, da muß richtig gedacht werden, da muß richtig gefühlt werden. Wie muß gefühlt, wie muß gedacht werden?

D: Die Begriffe müssen ins Reine gedacht werden, wie Wilhelm Schmundt sagt, denn die Begriffe oder die Konzepte zum Ausweg aus dieser Krise, die liegen ja vor, seit Jahren und Jahrzehnten! Die Begriffe müssen nicht nur ins Reine gedacht werden, sie müssen auch ins *Moderne* gedacht werden! Damit meine ich eben *nicht* das Modische. Das Moderne ist für mich kein negativer Begriff. Ich würde ihn immer so verstehen wie *Rimbaud* ihn verstanden hat, der geschrieben hat: „Man muß unbedingt modern sein." Das ist doch *das Gegenteil* von modisch! Oder wenn wir von Kunst sprechen, die darf doch durchaus geschmackvoll sein! Das Gegenteil davon wäre für mich eigentlich das Geschmäcklerische. Da wird es dann haarig! Gefährlich! Merkwürdig! Aber das Geschmackvolle...

B: Ich glaube, wir können uns darauf einigen, daß die Begriffe, die richtigen Begriffe, seit Jahrzehnten auf dem Tisch liegen und daß es jetzt darum geht, die Begriffe umzusetzen. Die Begriffe in das Leben konkret zu leben. Die Begriffe, in der Welt zu *sein.* Und die Zeit läuft immer schneller, da entsteht ein irrsinniger Druck, daß gesagt wird, das muß jetzt schnell passieren, denn wenn das nicht schnell passiert, dann beschleunigt sich die Katastrophe, in der wir seit Jahrzehnten schon stecken.

D: Ich sag manchmal mit Immendorff (1973): „Das tun, was zu tun ist!" Ist natürlich auch aus einem sehr speziellen Zusammenhang, aber ich finde, das hat eine Richtigkeit. Das ist doch die Frage, die man sich jeden Tag stellt, wenn man aufwacht, aufsteht, einen Kaffee macht, eine Zigarette raucht und fragt: „Was ist jetzt eigentlich zu tun?" Das ist doch das, was einem immer durch den Kopf geht, was tun? In dem Geflecht der Beziehungen, in denen man steckt mit Freunden und Freundinnen und weiß der Kuckuck was, im Verhältnis dazu die Arbeit, die Teil dieses Geflechtes ist, aus diesem Geflecht sich herausbewegt und wieder in dieses Feld zurückgeht.

B: Ich glaube, die Arbeit muß in diesem Gesamtzusammenhang gesehen werden, sonst hat sie wieder diese Nischenexistenz und nabelt sich völlig ab. Nur aus so einem Gesamtverständnis ist es auch möglich, richtige Taten zu vollbringen in der Arbeit.

D: Ja, sonst ziehst du dir ja selbst den Boden unter den Füßen weg!

B: Sonst ende ich vielleicht im Alkoholismus oder in sonstwas oder ich vereinsame völlig. Weil es einfach sinnlos geworden ist, das Werk. Wenn das Werk nicht in so einem Gesamtzusammenhang steht, ist es sinnlos. Das ist ein Kreislauf.

D: Na ja, das ist noch die Frage! Ich meine, es gibt Künstler, die sich aus allen möglichen Zusammenhängen heraus entwickelt haben, schicksalsmäßig sehr merkwürdig! Ich glaube nicht, daß die Musik von Chet Baker z. B. sinnlos ist! Ich glaube, er war ein sehr, sehr einsamer und trauriger Mann, der sehr viel falsch gemacht hat in seinem Leben, ganz objektiv. Aber das war nicht nur sinnlos!

B: Ich würde Chet Baker nie als sinnlos bezeichnen. Einer der größten Musiker, einer der lebendigsten in der Musik.

D: Ich glaube, ein ganz wichtiger Begriff ist der der Entschiedenheit! *Da* würde ich einen Qualitätsmaßstab anlegen! Es gibt eigentlich nur zwei Möglichkeiten: Das entschiedene Tun oder das entschiedene Leiden! Beides bringt etwas in die Welt, beides ist wirksam, beides ist Kunst und für den Fortbestand der Erde von größter Wichtigkeit!

B: Wie sieht das denn aus, das entschiedene Leiden, wie würde das aussehen?

D: Entschiedenes Leiden ist z. B., wenn du mit einer extremen Behinderung auf die Welt kommst und dein ganzes Leben in einem Gipsbett verbringst, weil dir beide Arme und Beine fehlen. Das ist entschiedenes Leiden!

B: Habe ich denn da das bewußt entschieden?

D: Nein, das habe ich nicht nur bewußt entschieden, na ja, ich möchte nicht in so eine esoterische Diskussion…

B: …doch, vielleicht sollten wir…

D: …abgleiten. Ich sehe es als Bild. Ich denke, es ist ein entschiedenes Leiden, ob *ich* das jetzt selber entschieden habe oder nicht! Ob es entschieden ist durch mein Vorleben oder etwas bewirken wird auf mein nächstes usw., darüber möchte ich

> *B: Vom Denker zum Triebtäter.*
> *D: Vom Triebtäter zu Heiligen.*
> *B: Vom Heiligen in die Leere.*

jetzt nicht spekulieren! Entschiedenes Leiden oder eben entschiedenes Tun. Also bewußtes Tun, wo der Ausgangspunkt eben der Freiheitsbegriff ist! Die Freiheit, die ja schon lange definiert ist. Und da kann man einfach nur Rosa Luxemburg wieder anführen, die gesagt hat: „Meine Freiheit geht nun wirklich nur so weit, bis sie die eines anderen einschränkt.“ Oder Voltaire, der gesagt hat: „Meine Meinung ist das absolute Gegenteil der Ihrigen, aber ich würde mein Leben dafür geben, daß Sie sie sagen können!“

B: Du meinst – ich wollte jetzt kurz mit dem Leiden darauf zurückkommen –, Du meinst, ich könnte mich jetzt entscheiden dafür, daß ich leide, d. h. ich ziehe mich jetzt hier zurück in mein Atelier, entscheide mich zu leiden, und es wäre ein qualitatives Moment. Ich leide über das Drama der Welt. Über den Zusammenbruch der Welt.

D: Ja?

B: Das würdest Du gleichwertig ansehen mit jemandem, der versucht, den Stand des Bewußtseins... (unverständlich)

D: Die Welt verändern, die Welt mit Kunst zu verändern, ja, ja!

B: ...in der Kunst, in politischen Organisationen usw. Ja, ich bin mir im Moment noch nicht so klar, nicht so sicher.

D: Ich bin mir auch nicht ganz sicher, aber ich spüre, daß da „was dran ist"! Auf jeden Fall! Dieses Begriffspaar fasziniert mich. Das entschiedene Tun und das entschiedene Leiden!

B: Ja, das würde ich manchmal natürlich viel lieber machen, mich zurückziehen, nicht mehr kämpfen, mich der Verzweiflung hingeben.

D: Ja, ja. Aber dann ist es kein Leiden mehr, dann ist es vielleicht 'ne Art Flucht oder Bequemlichkeit, eine Stimmung, ein Rausch.

B: Ist nicht der Moment auch wichtig, in dem man fragt: was entsteht denn da, bei dem Leiden? Wenn natürlich durch diese Leiderfahrung Erkenntnis entsteht, d. h. Bewußtsein, dann wird das Bewußtsein aus dem Atelier, in das ich mich zurückgezogen habe und niemanden mehr sehe, hinausgewirkt. Aber ich denke, daß es doch gerade wichtig ist, weil das Bewußtsein ja schon da ist, die Dinge liegen ja auf dem Tisch, daß es gerade darum geht, das umzusetzen. Und nicht mehr zu sagen: ich ziehe mich jetzt zurück und leide, sondern ich muß es herausbringen, das Richtige, in die Welt.

D: Das denke ich auch, das war unser Weg, denn sonst hätten wir ja all diese Dinge nicht gemacht in den letzten Jahren. Ich wollte es nur mal prinzipiell schildern, wobei mir bei solchen diametralen Gegensätzen die meiste Zeit sehr unwohl ist, weil ich denke, vielleicht gibt es noch ein drittes oder viertes...

B: Vielleicht muß man es wirklich individuell sehen, daß ich sage, wie leicht ist es für mich persönlich, mich zurückzuziehen, und wie schwer ist es für mich, zu kämpfen.

D: Oder umgekehrt!

B: Ja, aber für Leute, die blindlings kämpfen, wäre das Leid gerade wichtig. Daß die sich mal zurückziehen und den Weltschmerz empfangen. Das ist doch ein permanentes Leid. Wenn man hinausschaut, dann ist man doch in einer Trauerpermanenz über die Hungernden, über die Kriege, über die Naturzerstörungen.

D: Was ich empfinde, ist was Radikaleres. Wirkliches Leid! Das wäre so etwas wie eine Todeserfahrung, eine Todessituation mitten im Leben...

B: ...eine Erstarrung...

D: ...wo du gar nichts mehr machen, wo du selber *gar nichts mehr* machen kannst!

B: Ja, Erstarrung meinst Du.

D: Ja, wo Du sagst, ich ziehe mich zurück um das zu erfahren oder um das durchzugehen und dann auf eine neue Ebene von Bewußtheit, von Arbeit, von sozialen Bindungen oder Lösungen zu kommen, ist schon was anderes. Da wird es dann spekulativ, da ist es dann bewußt oder unbewußt *Instrument.* Aber das führt jetzt vielleicht sehr, sehr weit und fasert auseinander...

B: Tod und Leben bedingen sich gegenseitig. Wenn nicht Tode gelebt werden, dann ist auch das Leben nicht möglich. In der Intensität und in der Stärke. Genauso umgekehrt!

D: Ja! Was uns natürlich immer wieder und jeden Tag beschäftigt, ist die Frage, wie das, was man *praktisch* tut, sagen wir mal ganz naiv: „Bilder malen", wirksam werden kann? Als Inspirationsquelle, als Kraftquelle, ich möchte nicht übertreiben und kann ja nur hoffen, daß ab und zu mal jemand dabei ist, der das so erlebt! Und wie diese Arbeit möglicherweise bis in die politischen Verhältnisse hineinwirken kann! Ob es möglich ist – und wenn ja, wie – mit Kunst die Gesellschaft zu verändern, ohne Ideologien oder Dogmen zu verbreiten und ohne in so einen platten, kitschigen Realismus zu verfallen, der das objektiv existierende Elend einfach nur abbildet!

B: Das ist eine tägliche Verzweiflung. Verzweiflung, daß man denkt, man bewirkt nichts mehr. Oder in dem, was man macht, in dem Bild bewirkt man nichts mehr. Es gibt keine Antennen mehr, die das wahrnehmen.

D: Aber was ist dann der nächste logische Schritt? Das ist, was ich mich immer frage!

B: Der nächste Schritt ist für mich, daß ich sage, die Wirkung entsteht in der Qualität der Seele. Daß ich sagen würde, in einer Qualität des Wollen, Fühlen und Denken, und diese Qualität schlägt sich auch im Bild nieder. Aber diese Qualität schlägt sich auch nieder in meinen Mitmen-

B: Da befällt mich zunächst Trauer, wenn ein Mensch stirbt, große Trauer, der hat nicht mehr die Möglichkeit, diese einzigartige Chance der Lebendigkeit, diese Würde, Bewußtsein zu erlangen.

schen, in dem Umgang mit meinem Kind, in dem Umgang mit den Menschen auf der Straße usw. Also ich würde das nicht mehr trennen.

D: Aber es ist *doch* noch getrennt! Es ist etwas anderes, wenn wir uns solidarisieren und mitarbeiten am „Bus für direkte Demokratie in Deutschland", mit vielen Menschen sprechen über zukünftige Möglichkeiten von Gesellschaft, von menschlicherem Umgang miteinander in dieser Gesellschaft etc. Das ist doch erst mal was anderes, als in eine Galerie zu gehen und da ein Bild oder zehn oder hundert an die Wand zu hängen!

B: Das ist eine andere Form.

D: Nicht schlecht ist der Begriff, den Beuys benutzt hat, der des „Parallelprozesses". Man versucht, die Dinge parallel zu betreiben, deutlich zu machen, was das eine mit dem anderen zu tun hat, daß keine freie Information, freie Kultur ohne das freie, experimentelle Arbeiten an den Formen möglich ist *und umgekehrt*! Ich sehe diese

> *D: Von der Leere ins Volle.*
> *B: Von dem Vollen in den Mord.*
> *D: Vom Mord in die Verzeihung,.*

beiden parallelen Stränge und frag' mich jeden Tag, wann ist eigentlich die Schwelle erreicht? Oder wo könnte sie überhaupt liegen, wo die Dinge zusammenkommen?

B: Das kann nicht in einer Einheitsform passieren.

D: Das ist eben die große Frage, das ist das, was mich sehr quält!

B: Das Individuum ist ganz auf sich gestellt in der heutigen Zeit und muß eine ganz eigenständige Form für sich finden, so wie ich finde, daß der Bus eine ganz eigenständige Form ist, an der verschiedene Leute mitarbeiten, und wie z. B. Deine Arbeiten, die dann in der Galerie hängen, auch eine ganz eigene Form sind. Aber für mich ist das qualitativ kein Unterschied. Ich sehe beides gleichberechtigt wichtig. Wenn da die richtige Inhaltlichkeit vorhanden ist.

D: ...Die Mathematik fragt ja: Wo treffen sich die Parallelen? Die Antwort ist immer: im Unendlichen! Und was ist das Unendliche? Müßte man dann fragen, und da kann man ja eigentlich nur antworten: der Mensch! Das heißt, diese Parallelen treffen sich da, wo jemand *beides* tut, es in sich vereinigt, beidem die gleiche Wichtigkeit zumisst! Wie Du jetzt gesagt hast.

B: Ja, ist es aber nicht die Idee, die sich da trifft, im Unendlichen? Mal umgekehrt? Daß wir sagen, wenn wir die richtigen Namen nennen, dann stimmen die Begriffe, dann stimmen die Ideen. Das heißt, wenn da das Richtige passiert, was eine ganz unterschiedliche Form hat, an unterschiedlichen Orten zur selben Zeit oder zeitlich verschoben, dann läuft es auf die Idee zu, die zeitlos ist. Auf die richtige Idee.

D: Ja, wodurch werden Ideen in die Welt gebracht oder verkörpert oder wodurch formalisieren sie sich?

B: Wodurch? Sie formalisieren sich in der Form.

D: Trotzdem muß sie jemand machen!

B: Der Mensch

D: Das machen ja keine Götter oder Engel mehr für uns!

B: Durch die Taten, vollzogen von Menschen.

D: Ja, *eben doch* durch den Menschen. Auf jeden Fall kann man sagen, derjenige, der das am überzeugendsten demonstriert hat, nach 1945, ist wirklich Beuys. Der in seiner Person eben diese Dinge zusammengebracht hat! Das läßt sich ja bis in die Details verfolgen. Wo aus Diskussionen und Diskussionsveranstaltungen eben Tafeln, Tafelzeichnungen usw. entstanden sind. Diskussionen zum erweiterten Kunstbegriff, zum erweiterten Ökologiebegriff, zu verschiedensten kulturellen, philosophischen und was-weiß-ich für Fragen, die dann eingegangen sind in große Werke und Installationen. Ich glaube, das ist der bisher Einzige, der es wirklich geschafft hat, die Parallelprozesse durch die eigene Person, das eigene Wirken, die eigene Arbeit zusammenzubringen und dem dann eine *gültige* Form zu geben!

B: Er beschränkt die Kunst nicht aufs Kunstwerk, sondern er erweitert die Kunst in den Menschen hinein, in die Würde der Seele!

D: Er hat die Kunst, glaube ich, verstanden als die *Fähigkeit*, aus der Freiheit heraus zu gestalten...

B: Und die ist in jedem Menschen potentiell enthalten. Nur sehr überlagert, sehr überschichtet, und das muß freigelegt werden. Das kann freigelegt werden durch den Bus, das kann freigelegt werden durch Bilder in der Galerie, es kann freigelegt werden durch ein Gespräch. Die Flamme, die ewige Flamme der Freiheit.

D: Ich glaube, vieles ist auch innerhalb der Erziehung, der Schulen...

B: ...der Universitäten...

D: ...versaut worden! Einer der wichtigsten Punkte ist die freie Schule. Oder wie wir immer gesagt haben: freie Schulen für freie Menschen. Anders geht es nicht!

B: Ich würde sagen, je weiter das zurückgeht in die Kindheit, also der Bereich vor der Schule ist unter Umständen noch entscheidender. Je weiter es zurückgeht, umso entscheidender ist es. Geburt, Säuglingszeit, Kindheit, Schule, Lehre, Universität, Beruf.

D: Wobei ich diese Reihe eben auch äußerst merkwürdig finde. Mehr und mehr!

D: So eine Chronologie?

D: Ja, warum soll man nicht mit siebzig noch auf die Universität gehen?

B: Natürlich! Dann müßte man untersuchen, was heutzutage Universität ist. Unter Umständen ist es besser, überhaupt nicht zur Universität zu gehen.

D: Möglicherweise, das kommt auf das Wollen an. Oder auf das, was man erwartete, ob man schon in der Lage ist, das abzuchecken, was da auf einen einprasselt! Ob man Kraft genug hat, sich gegen den ganzen Unsinn, der da auch kommt, zu wehren, und das Gute und das Wichtige, was man braucht an Informationen, für sich herauszufiltern!

B: Aber der Begriff des Wertes ist ja vielleicht gar nicht richtig. Wert ist ja auch ein Druck... vielleicht muß man diesen Unsinn benutzen, um zu einem Sinn zu gelangen. Den Unsinn als Kraft sehen, die genutzt wird, Unsinn in Sinn zu transformieren.

D: Ich glaube, man kann nur ganz prinzipiell sagen, es ist eine Frage der Kraft. Das ist doch eine Frage, die sich jeden Tag stellt! Ob man gut oder schlecht gefrühstückt hat, ob man glücklich ist oder verzweifelt! Was können wir tun? Worin besteht unser Aufgabe? Was kann unser Beitrag sein? Wenn wir das, was wir tun, ernstnehmen

> *B: Der Kaiser sitzt jetzt auf dem Thron.*
> *D: Ich dachte, der Kaiser trainiert jetzt Frankreich.*

(oder humorvoll) – was für mich ein untrennbares Paar ist, denn ich kann eine humorlose Kunst eigentlich nicht ertragen! Das heißt ja nicht, daß man dauernd irgendwelche Witzchen... (unverständlich)

B: Ich würde sagen, wir müssen untersuchen, ob der Beitrag in diesem Sinne ist. Ist er stark, bewirkt er was?

D: Was wäre ein Kriterium dafür? Beuys hat in Gesprächen immer den Begriff einer starken inneren Notwendigkeit benutzt, die sich transportieren muß!

B: Davon spricht auch Rilke schon, in dem Brief an den jungen Dichter. Das einzige Kriterium für das Kunstwerk ist die innere Notwendigkeit...

D: ...eine starke innere Notwendigkeit, das hat er mir gesagt. Auch auf der Documenta '82, da war noch richtig die sogenannte „wilde Phase" dran. Die hat er *mir* da bestätigt. Das war für mich wunderschön, ein Kompliment!

B: Das ist ein Wissen. Geht es Dir nicht so, daß Du manches einfach weißt?

D: Ja!

B: Zum Beispiel bei dem „Gold Pommes" oder „Pommes d'or", das weiß ich, das wußte ich von Anfang an, das hat seine Kraft und seine Notwendigkeit. Und es wird seine Geschichte gehen, hat seine eigene Dynamik, die unabhängig von mir existiert.

D: Ich hab' Schwierigkeiten mit solchen Einschätzungen oder Selbsteinschätzungen. Ich habe große Schwierigkeiten damit, zur Zeit. Ist ja nicht das erste Mal!

B: Ein tiefes Wissen weiß, aber wie oft weiß man nicht?

D: Ja, klar, ich spüre viel, ich spüre, daß das, was ich tue, seit Mitte der 80er Jahre, die Abwendung von der sogenannten „wilden Malerei", ein richtiger Schritt war! Ich hätte nicht wie andere „einfach weitermachen" können und diesen sogenannten Neoexpressionismus ein bißchen vervollkommnen im Sinne des geschickten Händchens und dann statt Dispersionsfarbe eben Ölfarbe nehmen und statt ein Bild 1 x 1 zu malen eben 3 x 3 usw. Das ist etwas, was viele weiter gemacht haben, die mit uns so rauskatapultiert wurden aus dieser Einheitssoße Ende der 70er

Jahre. Daß das *zunächst* richtig war und es da für mich auch keinen Weg zurück gibt, ist klar. Auch wenn *heute* oft Leute kommen, die sagen: jetzt mal' doch mal wieder, Du kannst es doch... Heute! Damals haben sie geschimpft wie die Kesselflicker, heute kommen sie und sagen: jetzt mal' doch bitte wieder so wie früher, das war so kräftig und so lustig und so blablabla. Ich will die Argumente gar nicht nennen, ich kann sie auch zum Teil gar nicht nachvollziehen! Ich weiß nur eines *ganz sicher*: es gibt keinen Weg zurück! Wenn es einen Weg zurück gibt, dann nur auf einer höheren Ebene, und der geht dann *weiter zurück*, der geht in die Zeit des Studiums!
Aber auf einer höheren – ich kann nur hoffen –, auf einer höheren Ebene. Ohne die Erfahrung mit der „wilden Malerei", ohne die tägliche Auseinandersetzung, ohne die Widerstände, auch ohne all die Fehler, die wirklich gemacht wurden, könnte ich das, was ich heute tue, ja gar nicht machen! Also, ich hab da – wie nennt man das? – keine Schuldgefühle, nichts! Aber ich weiß, daß mein Weg also zunächst mal (man soll nie nie sagen) unumkehrbar ist. Ich weiß, daß ich all dies Schritt für Schritt tun muß, daß da kein Schritt ausgelassen werden darf! Ich kann nicht einfach von heute auf morgen sagen: Okay, jetzt versuch ich mal mit *ein bißchen mehr* Erfahrung und vielleicht intelligenteren Mitteln wieder da anzusetzen, wo ich bei Beuys irgendwann Mitte der 70er Jahre aufgehört habe... Ich spürte eine Notwendigkeit, die Dinge immer weiter im Bild selber, das Bild immer weiter zu klären und auch zu leeren oder entleeren, um in einen anderen Bereich zu kommen, der fast schon – sagen wir mal – der „abstrakten Malerei" zuzurechnen ist, wo

ich mir dann sagte: „So, wenn ich jetzt überhaupt noch Bilder machen will, dann muß ich eigentlich aufhören zu malen." Ich will ja nicht aufhören, *Bilder* in die Welt zu setzen. Aber meine Möglichkeit kann nicht sein, die Punk-Ausgabe von Georg Baselitz zu sein oder so was! Ich muß da ansetzen, wo ich wirklich viel, viel mehr betroffen bin!

B: Du sagst, Du willst wieder zurückgehen in die Akademiezeit...

D: Nein, ich möchte wieder anknüpfen an einen bestimmten früheren Weg. Die Dinge, die ich *heute* tue, haben ja wirklich nichts mehr zu tun mit *dem* – das läßt sich auch belegen anhand von älteren Arbeiten, das könnte man zeigen –, was ich damals an der Akademie getan hab, als alle „wilde Malerei". Diese Ablehnung, also dieses Vater-Sohn-Motiv, das ergab sich Anfang der 80er Jahre. Da gab es eine Phase, wo ich Beuys wirklich – ich will nicht sagen: abgelehnt hab' – aber wo ich gesagt hab', ich will davon gar nichts mehr wissen!

B: Aber dadurch ist er nicht gestorben.

D: Dadurch ist er nicht gestorben, im Gegenteil!

B: Meine Ablehnung ist auch meine Zuneigung...

D: Na ja, aber ich habe mich zumindest frei gemacht. Dieser übergroße Druck! Also, ich hab mich nicht frei gefühlt in den 70er Jahren, auch Ende der 70er Jahre nicht. Das kam wirklich nur durch dieses Arbeiten im Kollektiv, durch Arbeiten an Formen, die nun wirklich nichts mehr damit zu tun hatten!

B: Laß uns doch... weil es darum ging, was wir letztendlich über unsere Arbeit wissen. Sollten wir uns nicht die Frage stellen: was wissen wir über die Gemeinschaftsarbeit? Könnte man nicht sagen, daß wir gewisse Dinge oder gewisse kleine Dinge auch wissen darüber? Daß wir vielleicht wissen, daß wir da eine sinnvolle Kraft sehen?

D: Ja, auf jeden Fall. Ich spüre, daß es wichtig ist für mich, durchlässig zu bleiben, offen zu sein! Das heißt, als Du im letzten November in das Atelier kamst und sich aus dieser Ateliersituation und dem Arbeiten nebeneinander dann Gemeinschaftsarbeiten entwickelten; das stellte für mich kein Problem dar und ich wünsche mir, daß es auch so bleibt! Ich renn' jetzt nicht rum und frag' mich, mit wem kann ich jetzt noch was machen und wo ist der Nächste... Ganz sicher nicht. Aber diese Durchlässigkeit, die möchte ich mir erhalten! Und ich weiß: Ich kann das! Ich bin dazu in der Lage, mich zu öffnen! Ich weiß, daß es richtig und wichtig ist, daß ich einen Dialog auch formalisieren kann oder muß!

B: Ich glaube, daß ohne diese Offenheit überhaupt nichts läuft. Ohne diese Offenheit zu dem anderen hin, zu dem Objekt hin, zu der Welt hin, passiert überhaupt nichts mehr. Ohne diese Durchlässigkeit. Wie nehme ich denn die Dinge wahr? Sonst lebe ich nur meinen Egoismus aus, meine Gefühle, meine Triebe, und bin im Grunde völlig vereinsamt und kaputt. Habe vielleicht

Erfolg oder habe sonstwas, aber im Endeffekt nehme ich überhaupt nicht teil an dem Schicksal des Anderen, der Welt, der Menschen, der Tiere, der Pflanzen. Das ist eine Grundvoraussetzung heutzutage. The earth lives me.

D: Absolut.

B: Würdest Du das auch in den Arbeiten sehen, diese Offenheit?

D: Das sollen andere entscheiden.

B: Ich sehe da eine große Kraft.

D: Ich sehe manchmal genau das Gegenteil! Ich sehe, daß es etwas Spielerisches, Poetisches, Hingehauchtes hat. Ich möchte das gar nicht *zu lange* beschreiben. Wir haben das gemacht und damit haben wir unsere Pflicht zunächst mal getan. Ich möchte mich nicht drumherumdrücken, darüber auch zu sprechen, aber ich möchte lieber sozusagen die Sache von außen langsam einkreisen, als zu sagen: dieses Bild bedeutet für mich das und das...

B: Ich meine vielleicht eine Kraft im Authentischen. Daß wir sagen: da ist wirklich etwas passiert, ganz real, ganz wirklich im Jetzt.

D: Ja, und das ist nicht spekulativ und das ist keine ausgedachte Scheiße, sondern das hat sich vollkommen organisch ergeben, ist ganz organisch gewachsen. Das war *auch* was, womit ich nicht gerechnet hab'! Das war nicht vorprogrammiert, es steht nicht als Spekulation im Raum!

Aus dem Nebeneinander, eine Entwicklung zueinander hin, in eine gemeinschaftliche Arbeit, aus der man sich auch wieder herausentwickelt. Wie es weitergehen wird, wird die Zeit zeigen, die nächste, nähere Zukunft!
Ich möchte aber den Begriff der Genauigkeit in die Diskussion bringen, schauen und fragen, wo tritt sie auf? Wo haben wir so etwas erreicht?

B: Das Wort des Zauberers in der Welt,
das hört niemand.
D: Nur wenige!

Manchmal haben wir es erreicht, manchmal haben wir es nicht erreicht, aber ich denke, die Genauigkeit wird ein immer stärkeres Kriterium für Kunst in der Zukunft sein.

B: Ich finde es ganz wichtig zu sehen, was wir wissen…

D: Entschuldige. Den Begriff der Genauigkeit verbinde ich nicht mit irgendeiner – sagen wir mal – Stilistik oder so etwas. Nicht mit irgendeinem Stil, wo man sagt: Okay, Genauigkeit ist für mich Fotorealismus oder hard-edge-painting oder Farbfeldmalerei. Für mich gibt es bei Palermo zum Beispiel eine unglaubliche Genauigkeit, auch da, wo einiges aus den Fugen gerät. Wahnsinnig genau!

B: Doch wir sollten darauf schauen, was wir wirklich wissen.

D: Und dieses Wissen erweitern.

B: Erstmal schauen, was wissen wir denn wirklich? Wenn man sich das mal genau überlegt, dann wird das nämlich sehr, sehr schwierig.

D: Dann bleibt unter Umständen nicht viel übrig. Ich weiß, es war richtig, daß wir das gemacht haben. Ganz einfach! Ich weiß, daß es prinzipiell richtig war.!

B: Ich weiß, daß das Wissen sehr viel erfordert, daß es sehr viel Auseinandersetzung bedarf, sehr viel Tiefe benötigt, damit es gewußt wird. Die Zeit hatte ihre Wirklichkeit, hatte ihre Authentizität, hatte ihre Intensität, alles andere ist offen, was jetzt kommen wird…

N.Y.C. 1990, Barbara Gladstone Gallery

Dieses Buch erscheint
anläßlich der Ausstellung
Stefan Bohnenberger / Walter Dahn
Paradise Now, Gemeinschaftsarbeiten
in der Galerie Six Friedrich
und bei Mosel und Tschechow
München 1991

Photographie
Dinah Frank, Köln
Bernhard Schaub, Köln

Lithographie
Reprodienst Bernd Steininger GmbH
München

Gesamtherstellung
MEOX Druck GmbH

ISBN 3-925987-11-8